D1669914

Este título forma parte de la colección *Vivir juntos,*
una creación de Bayard Éditions Jeunesse.

Dirección editorial
Ricardo Ares, Pedro Miguel García

Coordinación editorial
Juan Antonio López

Textos
Laura Jaffé, Laure Saint-Marc

Ilustraciones
Catherine Proteaux, Béatrice Veillon, Régis Faller

Diseño gráfico
José Luis Silván

Corrección
Dulce Toledo, Álvaro Santos

© SAN PABLO 2006 (Protasio Gómez 11-15. 28027 Madrid)
Tel. 917 425 113 - Fax 917 425 723
secretaria.edit@sanpablo.es
© Bayard Éditions Jeunesse, París 1998

Título original: *Vivre ensemble. À l'école*
Traducido por *María Jesús García González*

Distribución: SAN PABLO. División Comercial
Resina, 1. 28021 Madrid * Tel. 917 987 375 - Fax 915 052 050
www.sanpablo.es - ventas@sanpablo.es
ISBN: 84-285-2938-8
Depósito legal: M. 32.515-2006
Impreso en Artes Gráficas Gar.Vi. 28970 Humanes (Madrid)
Printed in Spain. Impreso en España

En el colegio

SAN PABLO

CAPÍTULO 1

RELATO

El rapto de la profesora

Hace tres días que la profesora no asiste a clase.
¿Por qué?
Jeremías tiene una idea...

1

DOCUMENTO

¿Quién manda en el colegio?

¿Quién es el jefe, la profesora o el director?
Y además, ¿qué es desobedecer?

1

JUEGO–TEST

¡Te toca a ti!

¿Qué haces cuando no está la profesora?

1

Jeremías

Yastabén

Antonio

Nelson

El Barbas

El rapto de la profesora

Hace tres días que la profesora no viene. Para Jeremías, tres días son demasiados días. Porque, francamente, el sustituto no ha ganado ningún premio a la amabilidad.

No es que sea malo, pero en cuestión de sonrisas es más bien tacaño. Y además no se explica tan bien como Yastabén.

«Yastabén» es el mote que Jeremías y sus compañeros han puesto en secreto a la profesora porque siempre repite tres veces «Ya está bien, ya está bien y ya está bien», como si se tratara de una fórmula mágica inventada por el hada de los colegios para hacer que los niños se callen.

Pero es un mote simpático. Porque Jeremías adora a su profesora. No así a su nuevo profesor. Este, cuando quiere preguntar a un alumno, le apunta agitando un largo y amenazador dedo. Jeremías tiembla cada vez que lo hace.

Lo que Jeremías quiere con todas sus fuerzas
es que vuelva su profesora. Para siempre.
¡Y enseguida! A medida que pasa el tiempo,
Jeremías se plantea cada vez más preguntas.
Una profesora que desaparece de esa manera
durante tantos días no es normal. Cuanto más lo
piensa, más cosas terribles se imagina. Tal vez
se ha muerto su marido, piensa. O un coche ha
atropellado a su hija. O quizá… ¡unos bandidos
han raptado a Yastabén! ¡Sí! ¡Seguro que ha sido
eso!

Jeremías da vueltas en la cabeza a esta terrible historia. Cuando el director fue el otro día a clase a buscar a la profesora, es porque había recibido una llamada de teléfono anónima, se imagina. De alguien que decía ser amigo de la familia. Pero era un plan diabólico, alguien quería que Yastabén fuera a un parking desierto.

¡Y tachán! De pronto, una mordaza en la boca, como en las películas de la tele, y la profesora encerrada en una sórdida cueva.

Jeremías se revuelve en su silla. ¿Cómo va a concentrarse en la clase de geografía cuando su profesora está en peligro de muerte?

¡Menos mal que en el recreo puede comentar todo esto con sus amigos!

En el patio, Jeremías encuentra a Antonio y a Nelson. Los tres niños cuchichean entre ellos.

Hay una partida de canicas en la que no están participando. ¡Mala suerte! ¡La gravedad del momento lo requiere! Jeremías tiene un plan. Tienen que conseguir dinero. Para el rescate. La semana pasada su abuela le había dado un superbillete de cincuenta euros. Es mucho, pero no basta. ¿Qué podrían hacer?

—¡Hagamos una colecta! –propone Nelson.

—¡Genial! –se entusiasma Antonio.

—¡Silencio! –murmura Jeremías–. Viene el Barbas.

El director se acerca al grupo acariciándose la barba.

—¡Ah, chicos!, acaba de llamar vuestra profesora. Su hijo está mucho mejor. Una pequeña bronquitis, nada serio… Mañana vuelve al colegio –explica con una amplia sonrisa.

¿Quién manda en el colegio?

La profesora es muy importante para sus alumnos. Y cuando ella no está, ¿qué tal va todo?

En el colegio, como en la vida, hay reglas para que todos vivamos bien estando juntos. Algunas **reglas** son muy antiguas, como la norma de educación que consiste en dar los buenos días cuando nos encontramos con alguien.

Estas reglas no están escritas en ningún sitio. Son costumbres.

Las normas del colegio están escritas en un reglamento interno. Los padres lo reciben cuando sus hijos ingresan en el colegio, y deben leerlo con ellos. Suele estar todo el año en el tablón de anuncios de la entrada.

Reglas
Las reglas indican lo que hay que hacer en determinadas situaciones, en ciertos casos, como las reglas de gramática, las reglas de un juego...

¿Qué dice el reglamento escolar?

El reglamento escolar determina las normas cotidianas de convivencia en el colegio. Es una pequeña parte de la ley de un país que determina las reglas de la vida en ese país.

En el colegio, el reglamento dice: Todos los alumnos deben asistir a clase salvo cuando tengan una razón válida, como cuando están enfermos. Es la obligación de la asiduidad.

En España, la ley dice: La escolarización es obligatoria para todos los niños de 6 a 16 años.

En el colegio, el reglamento dice: Nadie debe emplear la violencia, ni los alumnos ni los profesores.

En España, la ley dice: Están prohibidos los castigos físicos. Lo que quiere decir, por ejemplo, que no debemos castigar a un niño pegándole.

¿Quién debe obedecer en el colegio?

Todo aquel que esté en el colegio debe seguir el reglamento: tanto los adultos como los niños.

Todo aquel que se encuentre en el colegio debe hacer que se aplique el reglamento: tanto los adultos como los niños.

La profesora manda en clase, pero debe hacerlo teniendo siempre en cuenta el reglamento.

Los adultos en el colegio

el director	los tutores	el personal de servicio	los profesores (música, dibujo, gimnasia, teatro...)

la conserje	la enfermera	el inspector	el psicólogo escolar	la médica escolar

15

Las normas de un país son la ley

Deberes

Los deberes de una persona es aquello que tiene que hacer, lo que está obligada a hacer.

La vida en el colegio está regida por un reglamento. La ley rige toda la vida en el país, todo el mundo debe respetarla.

La ley de un país es el conjunto de los **deberes** y **derechos** de todas las personas que viven en él.

Derechos

Los derechos de una persona es aquello que puede hacer, lo que le está permitido y puede exigir.

Hay gente que recibe un sueldo por velar porque la ley sea respetada.

En el colegio, el director hace que se cumplan las normas; en la clase, también es función del profesor.

En la calle, los policías, por ejemplo, velan para que todo el mundo respete el Código de circulación.

En España, la ley permite que se haga lo que se quiera con la condición de que no moleste a los demás.

La ley limita la libertad de cada uno para que todos podamos vivir juntos.

La ley debe ser respetada por todos

En todos los países, todas las leyes concernientes a un ámbito determinado (la familia, la educación, las relaciones, los delitos…) están reagrupadas en libros. En España los llamamos códigos. Tenemos el Código civil, el Código penal y también tenemos un Código de circulación.

¿Quién redacta las leyes en España?
El Parlamento, es decir, los diputados y senadores que elaboran, discuten y votan las leyes.

La ley está escrita para que todo el mundo la respete igual. Si no estamos de acuerdo con una ley, podemos manifestar nuestra opinión. Y es el parlamento el que decide siempre en último lugar. No puede aprobarse excepto por una nueva ley.

El Código penal es el libro en el que se recogen las faltas, delitos y penas. Como, por ejemplo, ir a la cárcel cuando hemos cometido un delito muy grave.

El Código de circulación es el libro en el que se recogen todas las reglas de la circulación. Como, por ejemplo, no circular por una carretera en sentido contrario.

¡Te toca a ti!

Ponte en el lugar de estos niños
y elige en la página siguiente lo que harías
si te encontraras en la misma situación.

La profesora ha dicho:
«Sed buenos y acabad en silencio los ejercicios».

¿Cuál de estas opciones te conviene más?

 **1** Acabar tus ejercicios tranquilamente.

 **2** Pedir la solución del ejercicio a un compañero o al mejor de la clase.

 **3** Hacer el payaso saltando sobre las mesas.

 **4** Curiosear en el bolso de la profesora.

 **5** Intentar hacer cumplir las normas en lugar de la profesora.

 **6** Ponerte tras la mesa de la profesora y burlarte de ella imitándola.

Has hecho tu elección. Pasa la página y descubre qué puede ocurrirte.

Estas son las consecuencias de tu elección:

1 Has hecho lo que había dicho la profesora. ¿Es porque te gustan las matemáticas? ¿O porque eres muy obediente? Sea cual sea la razón, si acabas tus ejercicios antes de que vuelva la profesora, habrás tenido tiempo de distraerte un poco.

2 ¡Uf! Has conseguido copiar todos los resultados en dos minutos. ¿Por qué lo has hecho? ¿Es tan grave sacar mala nota? Piensa que tus notas permiten a tu profesora evaluar lo que no has comprendido y explicártelo de nuevo.

3 Eres el gracioso de la clase. Haces reír a todo el mundo. Pero si la profesora te pilla, tienes muchas posibilidades de ser el único al que castigue.

4 ¡Te interesa mucho tu profesora! Te encantaría descubrir cómo es cuando no está dando clase... ¿Pero de verdad crees que quiere desvelar su vida privada? Y además, ¿a ti te gusta que hurguen en tus cosas?

5 No te gusta nada el alboroto, y te gustaría que se respetaran tus deseos de calma. ¿Pero acaso tu papel es reemplazar a la profesora? Además, has gritado que hay que callarse, pero los demás no tienen ganas de obedecerte...

6 ¡Qué divertido burlarse de los que mandan cuando no te ven! E incluso a veces puedes burlarte amablemente de la profesora en su presencia. En este caso, eres impertinente y puede que muy gracioso. Pero si te burlas a mala idea estás faltando al respeto...

Capítulo 2

Zoe
 Yastabén
 Máximo
 Noemí
 El Barbas

La foto de clase

Esta mañana, yendo al colegio, a Zoe le parece que su mochila pesa más que otros días. No tiene ganas de cantar. Y menos aún de sacar la lengua a los conductores de los coches que están parados ante el semáforo en rojo.

23

Le duele el estómago por una indigesta bola de miedo. No por las dos tabletas de chocolate que se tomó ayer por la noche viendo la tele.

¡No! Todo se debe a las divisiones. Una verdadera pesadilla de números y comas de decimales que no comprende.

Seguro que si la profesora le pregunta sacará un cero. Uno más en su colección. Su padre va a castigarla sin dibujos animados durante al menos una semana. Igual que el trimestre anterior.

Zoe entra en clase y va directamente a sentarse en su mesa junto al radiador, sin lanzar ni la más mínima mirada a Noemí.

—¡Zoe, a la pizarra! –le ordena la profesora–.
Enseña a tus compañeros cómo se divide sesenta
y dos entre cuatro.

—Oye, ¿puedes soplarme? –le pide a Máximo en
voz baja–. Tengo caramelos. Te los daré todos.

—¡No me gustan los caramelos! Y tampoco los
tramposos –le responde Máximo, dándole la
espalda con aires de superioridad.

Zoe siente que dos gruesas lágrimas corren por
sus mejillas.

No hay nada que hacer. El desastre está asegurado.
De pronto…

«Toc, toc, toc». La puerta se abre.

Es el director. Le susurra algo a la profesora.
Yastabén frunce el ceño. No parece nada
contenta. Zoe presta oídos.

«… Mucho trabajo… foto… prevista para
mañana…».

El director sigue murmurando, con la voz
autoritaria de quien quiere que le obedezcan.

—Dejad vuestras cosas –suspira la profesora–.
Vamos a bajar a hacernos la foto de clase.

¡Genial! Zoe se ha salvado… Para celebrar el milagro, antes de ponerse en la fila, dibuja un sol grande en la pizarra. Parece un gran cero burlón que se ríe con todos sus rayos.

En el patio, el fotógrafo ha extendido una inmensa tela azul de fondo, parece un bonito cielo de verano en pleno mes de noviembre.
Zoe corre a darle la mano a Noemí.
¡Quiere estar al lado de su mejor amiga para la foto de clase!

—No os mováis –pide el fotógrafo.

Un gran flash deslumbra a la inmóvil clase. Zoe pone su mejor sonrisa de niña buena. Y con los dedos de la mano le pone a Máximo dos orejas de burro.

¿Qué ocurre cuando hacemos trampas?

En el colegio, cuando no sabemos hacer algo, tenemos miedo. Tanto miedo que a veces somos capaces de hacer trampas.

Sin embargo, **hacer trampas** en el colegio es como hacer trampas en cualquier juego. Es no respetar las reglas. ¿A lo mejor es que no conoces bien las normas internas del colegio?

En la vida ocurre algo parecido: si no conocemos las reglas de la sociedad, o si no las respetamos, no podemos vivir bien con los demás.

Hacer trampas
Es no respetar las reglas del juego.

Cuando no respetamos el reglamento...

Si no haces tus deberes, si haces trampas, estás incumpliendo el reglamento del colegio. En las normas internas del colegio se recoge todo aquello que los alumnos y los adultos deben hacer para poder vivir bien todos juntos.

En el reglamento se lee, por ejemplo, que tienes la obligación de hacer los deberes que te manda la profesora, aunque te fastidie. También debes someterte a un control de tus conocimientos.

Puedes tener razones para no hacer tus deberes.

No tienes verdaderas razones para no hacer tus deberes.

Porque no lo entiendes, o bien porque no tienes tiempo (debes echar una mano en casa).

Porque prefieres jugar, ver la televisión o leer libros.

Pueden castigarnos

Sean cuales sean las razones para no hacer tus deberes, corres el riesgo de recibir un castigo.

Si decides hacer trampas porque temes ser castigado o te da vergüenza no saber contestar, corres el riesgo de que te castiguen aún de forma más dura.

Antiguamente los castigos eran aún mucho más severos que hoy: las pequeñas faltas se castigaban poniéndote de rodillas. Las faltas más graves se castigaban poniéndote de rodillas con los brazos extendidos y un ladrillo en cada mano. Hoy en día, ni los profesores ni el director tienen derecho a castigar físicamente a los alumnos.

A veces hacemos trampas...
Copiando al compañero de al lado para hacerle creer al profesor que nos sabemos la lección.

A veces hacemos trampas...
Mirando el libro, a escondidas de la profesora, durante el examen.

Cuando no respetamos la ley...

Sanción

Es una medida tomada por una autoridad con el fin de impedir un daño. También es una pena establecida por la ley para reprimir una infracción.

En la vida, cuando no respetamos la ley, corremos el riesgo de recibir una **sanción**. La ley es la que determina la severidad de la sanción.

Cuando alguien comete un crimen, puede ir a la cárcel.

Ir a la cárcel es estar excluido temporalmente de la sociedad.

Exclusión

Cuando alguien es excluido, es expulsado de un lugar donde tenía su sitio.

En la vida, cada vez que decidimos no respetar la ley estamos fuera de la ley. Esto quiere decir que nos alejamos de los demás, de la sociedad. Corremos el riesgo de que nos rechacen, como cuando en un juego **excluyen** a los malos jugadores.

¿Es posible luchar contra la desigualdad?

Hay gente que piensa que no puede luchar contra la pobreza porque siempre ha habido ricos y pobres. Piensan que todo el mundo tiene su oportunidad, pero que hay gente que no puede, no sabe o no quiere aprovecharla.

Otros piensan que no todo el mundo tiene las mismas oportunidades en la vida y que hay que **ayudarse mutuamente**.

Puede que en el colegio un alumno saque peores notas:

Ayudarse mutuamente

Quiere decir estar dispuesto a compartir con los demás lo que uno tiene.

porque no tiene libros en su casa;

porque no tiene habitación propia en la que estudiar;

o porque sus padres no han ido nunca al colegio y no pueden ayudarle a hacer los deberes.

«Toda persona tiene derecho a un nivel de vida adecuado que le asegure, así como a su familia, la salud y el bienestar...»

(Artículo 25 de la Declaración de los Derechos Humanos)

¡Te toca a ti!

Ponte en el lugar de este niño y elige
en la página siguiente lo que harías
si estuvieras en la misma situación.

**Desde que viste aquel videojuego en casa de tu amigo,
sueñas con poder comprártelo.**

¿Qué harías?

 **1** Cuentas tu dinero. Con un poco de suerte tendrás suficiente.

 **2** Se lo pides enseguida a tus padres, o a tus abuelos, para Navidad, por ejemplo, o para tu cumpleaños.

 **3** Les propones a tus padres que te lo compren si sacas un 10 en tu próximo examen.

 **4** Coges el dinero del monedero de tu madre sin que ella lo sepa.

 **5** Sueñas y sueñas, pero sabes que no hay forma de que puedas comprártelo.

 **6** Le pides prestado el dinero a tu hermano; ya se lo devolverás más adelante.

Has hecho tu elección. Pasa la página y descubre qué puede pasar.

Estas son las consecuencias de tu elección:

1 Si tienes suficiente dinero podrás realizar tu sueño. ¿Pero estás seguro de que no te vas a cansar de ese juego enseguida?

2 Siempre puedes pedirles un regalo a tus padres o a tus abuelos, pero has de saber que no están obligados a comprártelo.

3 En algunas familias, a los niños que han sacado buenas notas se les recompensa con dinero o un regalo. En otras familias se opina que los niños no deben estudiar a cambio de una recompensa. ¿Y en tu familia?

4 ¿Por qué robarles dinero a tus padres? ¿Porque no te atreves a pedírselo? ¿Porque sabes que se opondrán? De hecho, puede que no tengan mucho dinero, o tal vez crean que eres demasiado joven para llevar dinero encima.

5 Cuando algo nos apetece mucho y no tenemos dinero para comprarlo, a menudo encontramos otra solución. ¿Qué tal si le pides a un amigo que te preste su juego?

6 Pedir dinero prestado... ¡qué buena idea! Sí, pero no olvides que vas a tener que ahorrar tu paga para devolvérselo. ¿Seguro que podrás renunciar a otras cosas que te apetezcan?

Capítulo 3

RELATO

La paga del perro

Sara ha recibido un sobre con dos billetes grandes
por su cumpleaños.
Va a poder comprarse ella misma su regalo.

3

DOCUMENTO

¿Qué cosas tienen valor?

Hay cosas que nos gustan mucho y no cuestan nada,
y otras que cuestan muy caras. ¿Por qué?

3

JUEGO-TEST

¡Te toca a ti!

Es tu cumpleaños. Tu padre acaba de ofrecerte
como regalo un futbolín de cuando era pequeño.
¿Cómo reaccionas tú?

3

Sara

Toby

La paga del perro

La mochila, los patines, la muñeca…
¡Imposible elegir!
Entonces, el día de su cumpleaños, mientras Sara
estaba sentada a la mesa con todos sus amigos
ante una enorme tarta de cumpleaños, sus padres
le dan un sobre.

Dentro, dos billetes grandes y una breve frase:
«¡Cómprate tú misma lo que quieras!».

Sara está muy contenta de tener tanto dinero.
Pero al día siguiente, en la tienda, sus dos billetes
le parecen muy pequeños.
Es por el estuche. El precioso estuche a juego con la
mochila rosa que acaba de descubrir en el expositor.

¡Es verdad! Su viejo estuche no pega para nada
con la nueva mochila. ¡Tendría que haberlo
pensado antes! Pero comprar el estuche y la
mochila sale demasiado caro.

«Bueno, ¡qué le vamos a hacer! De todas formas, son mejores los patines», se dice sin demasiados lamentos. Y mira, están justo ahí, expuestos entre las bicicletas y el material de camping.

Los morados con correas rojas son preciosos. Pero no tienen las lucecitas intermitentes detrás. ¡Pues no sirven!

¡Ya está!, acaba de ver los patines perfectos, allí, en lo alto de la estantería. ¡Esos son los que ella quiere!

—Señorita, por favor, ¿podría decirme cuánto cuestan esos patines? –le pregunta a una vendedora.

La empleada mira los dos billetes de Sara entristecida. Sara tiene ganas de llorar. Ya lo ha entendido, no merece la pena esperar la respuesta…

«Seguro que para la muñeca sí tengo suficiente»,
se consuela yendo a la sección de juguetes.

¡No! ¡No puede ser cierto!

Le faltan sólo cuatro euros.

¿Qué podría hacer? ¿Pedírselos a sus padres?
Seguro que no aceptarían.

De pronto, Sara tiene una idea.

Corre a reunirse con su padre, que la está
esperando en el coche.

—¡Volveremos la semana que viene! —exclama
sin aliento.

De vuelta a casa, va a ver a su vecina, que suele
darle dos euros si saca a pasear a su perro.

En cuanto se abre la puerta, el caniche salta a los brazos de Sara.

—¡Qué bien me vienes! –dice la señora–. Hoy me duelen demasiado las piernas para sacar a pasear a Toby.

En la alameda del parque, Toby hace un pipí enorme.

«Ya me he ganado dos euros», se dice Sara.

Y luego hace pipí nuevamente junto a un árbol.

«¡Esto bien vale una doble paga!», se dice contenta mientras lleva de vuelta al perro a casa de su dueña.

En cuanto llega, Sara exclama:

—¿Sabe?, ¡le he hecho hacer pipí dos veces! Así
no tendrá que sacarle esta tarde tampoco.

—Muy bien, Toby… ¡Mereces doble ración de
croquetas! –dice la vecina con voz tierna, dándole
a Sara una sola moneda de dos euros.

¿Qué cosas tienen valor?

Los patines que Sara hubiera querido tener
cuestan mucho más caro que los otros.
Pero son esos los que quiere, no por su precio,
sino porque le han encantado
en cuanto los ha visto.

Cuando deseamos algo con todas nuestras fuerzas o cuando nos gusta mucho un objeto, este es muy importante para nosotros. Pensamos que tiene mucho **valor.**

A menudo, la importancia que le damos a un objeto, su valor, no está relacionado con su precio. Sin embargo, cuando vamos de compras, vemos que algunas cosas son más caras, y podemos preguntarnos si tienen más valor que otras y por qué.

Valor
Un objeto tiene valor cuando se desea y puede comprarse.

45

¿Todo tiene un valor?

Hay cosas que no se encuentran en las tiendas porque no pueden comprarse ni venderse, como una piedra o una rama que hemos encontrado en el campo.

Sin embargo, hay cosas muy sencillas a las que nosotros damos mucho valor.

Puede que nos guste mucho una piedra porque la hemos encontrado durante un agradable paseo.

Puede que nos guste mucho un trozo de corteza de árbol porque hemos hecho un barquito con él.

Cuando un objeto adquiere importancia para alguien, adquiere valor ante sus ojos. Este valor no tiene nada que ver con el dinero. Es una cuestión de sentimientos. Es el valor afectivo.

**Nadie debería decir
que un objeto que le gusta no tiene valor.**

¿Qué valor tiene un regalo?

En las tiendas hay cosas que no cuestan demasiado dinero, que no tienen demasiado valor comercial. Por el contrario, hay otras muy caras, que tienen un gran valor comercial.

Lo que nos parece que da valor a un regalo no tiene que ser necesariamente su precio. Puede ser las ganas que tuviéramos de tenerlo o el afecto que sentimos por quien nos lo ofrece.

A veces podemos estar muy encariñados con un juego nada caro que nos regaló un amigo.

A veces podemos dar poca importancia a un jersey muy caro que nos han comprado, aunque haya costado mucho, más que aquel juego.

Un regalo tiene valor para quien lo recibe y al menos tanto valor para quien lo da.

Por eso, un regalo no puede considerarse de la misma manera que un objeto que compramos para nosotros mismos.

¿Cómo se fijan los precios?

El precio de un objeto es fijado por el fabricante y el comerciante. Un objeto es más o menos caro según el tiempo, el cuidado y el número de personas que se han necesitado para producirlo.

Por ejemplo, una tableta de chocolate con leche cuesta menos que una tableta de chocolate con leche y avellanas.

Un vestido bonito hecho a mano por un diseñador de alta costura cuesta más caro que un vestido fabricado por máquinas.

El precio de un objeto también se fija según la ley de la oferta y la demanda. Si el número de personas que quieren comprar un objeto (la demanda) es mayor que el número de objetos disponibles (la oferta), el precio del objeto aumenta. Si es a la inversa, el precio disminuye. Por ejemplo, los pisos bien situados en el centro de la ciudad, cerca de los centros comerciales y del transporte público, cuestan más porque mucha gente quiere vivir en ellos.

¿Qué es el civismo?

El respeto de las leyes, el respeto a los demás, el respeto de los bienes públicos son indispensables para que cada uno se sienta libre en medio de los demás.

El civismo es todo esto, pero también es:

La participación en la vida de un país
El voto no es una obligación, sino un deber cívico, un acto voluntario por el bien del país.

La asistencia a personas en peligro
Llamar a los bomberos no es una obligación, sino un deber cívico, un acto voluntario por el bien de los demás.

Las medidas ecológicas
Respetar, por ejemplo, las consignas en caso de polución no es una obligación, sino un deber cívico.

El testimonio
Decir lo que hemos visto cuando hemos sido testigos de un accidente no es una obligación, es un deber cívico.

Ser ciudadano es ser responsable de uno mismo en la vida privada y en la sociedad.

¡Te toca a ti!

Ponte en el lugar de estos niños
y elige en la página siguiente lo que harías
si estuvieras en la misma situación.

La profesora ha dicho:
«Podéis sacar las pinturas, es el momento».

¿Cuál de estas opciones te conviene más?

 **1** Te dedicas a hacer el retrato de la profesora. Después limpias tu pincel y recoges las pinturas.

 **2** Has terminado un paisaje precioso. Pero ha llegado la hora del recreo. Así que dejas todo en la mesa y te vas al patio.

 **3** Tu compañero está dibujándote con grandes orejas y nariz de payaso... Para vengarte, emborronas su hoja.

 **4** ¡No te gusta pintar! Para pasar el tiempo, organizas un concurso de bolas de papel en mitad de la clase.

 **5** ¡Pintar es genial! Y la caja de pinturas del colegio es preciosa. Así que, a escondidas, la deslizas al interior de tu mochila.

 **6** Cuando pintas te dedicas por completo a tu dibujo. Pones pintura por todas partes. ¡Qué más da! Ya lo limpiarán las señoras de la limpieza...

Has hecho tu elección. Pasa la página y descubre qué puede ocurrir.

Estas son las consecuencias de tu elección:

1 Te dices que la profesora se pondrá muy contenta de que la hayas elegido como modelo. Pero, a fin de cuentas, ¿tan importante es para ella? ¿Y tú has disfrutado haciéndolo?

2 ¡Es verdad! Limpiar no es divertido. Pero cuando vuelvas, los pinceles se habrán secado. La próxima vez perderán los pelos. Y nadie más podrá utilizarlos.

3 ¡No te gusta que se rían de ti! Pero en vez de emborronar la hoja de tu compañero, ¿por qué no te ríes y le haces tú también un retrato... a tu manera?

4 ¡Eres invencible jugando a las bolas de papel! ¿Pero qué pensarías si alguien organizara una partida de salto en el campo cuando tú estás jugando al fútbol?

5 ¡Con el tiempo que hace que sueñas con esa caja de pinturas! Si te la llevas, en primer lugar es un robo, y además la próxima clase de dibujo faltará una caja. ¿Quién se quedará sin ella?

6 ¡Tienes razón! Esta tarde van a limpiar las señoras de la limpieza, y mañana tu mesa estará otra vez limpia. ¿Crees que no tienen otra cosa que hacer?

Vivir juntos

Vivir juntos
En familia

Vivir juntos
En el colegio

Vivir juntos
Niños y niñas

Vivir juntos
El dinero

Vivir juntos
Las diferencias

Vivir juntos
La ecología

Vivir juntos
La violencia

Guías para ser un buen ciudadano